D1728091

Inge Krenn

Marillenkuchen & Zwetschkenfleck

Österreichische Kuchen, Torten und Strudel

© 2002 by Hubert Krenn VerlagsgesmbH
       Wiedner Hauptstr. 64, 1040 Wien
       Tel. 01/585 34 72, Fax 01/585 04 83
       E-mail: hwk@buchagentur.at, URL: www.hubertkrenn.at

Sonderausgabe für
A&M Andreas & Dr. Müller, Salzburg

Redaktion: Inge Krenn
Fotos: Schilling & Riedmann, Peter Torker, Michael Seyer
Grafik: Barbara Schneider-Resl
Druck und Bindung: Druckerei Theiss GmbH, A-9431 St. Stefan

ISBN 3-902351-21-7

Inge Krenn

Marillenkuchen & Zwetschkenfleck

Österreichische Kuchen, Torten und Strudel

Inhalt

Torten & Rouladen

Birnen-Jogurttorte 8

Brombeertorte
mit Schneehaube...................10

Erdbeer-Jogurttorte 11

Erdbeer-Topfentorte 12

Erdbeerroulade......................14

Erdbeertorte...........................16

Heidelbeer-Oberstorte 18

Himbeertorte..........................19

Himbeerroulade.....................20

Kastaniencremetorte 22

Kastanientorte........................23

Kokos-Stachelbeer-Torte........24

Quittentorte............................25

Rhabarbertorte
mit Mandeln 26

Ribiseltorte 27

Schwarzwälder Kirschtorte....28

Tiramisù mit Erdbeeren 30

Tiramisù mit Marillen 31

Topfenroulade mit
schwarzen Johannisbeeren ...32

Topfentorte mit Rhabarber 33

Topfentorte mit Kirschen 34

Kuchen, Blechkuchen & Strudel

Apfelbrot 38

Apfelkuchen
mit Streuseln...........................39

Apfelstrudel 40

Becherkuchen mit
Erdbeeren & Rhabarber.........42

Birnenkuchen 43

Brombbeerkuchen..................44

Brombeerschnitten 45

Erdbeerstrudel 46

Früchtestrudel........................48

Himbeerkuchen......................50

Kirschkuchen 51

Marillenkuchen 52

Marillenstrudel 54

Maronischnitten.....................56

Mohnkuchen
mit Äpfeln 57

Muffins
mit Heidelbeeren....................58

Quittenkuchen........................59

Rhabarberstrudel...................60

Rhabarberkuchen
mit Marzipan 62

Ribisel-Muffins 63

Ribiselkuchen
mit Mandelhaube 64

Stachelbeer-Kuchen
mit Baiserhaube....................65

Stachelbeer-
Topfen-Kuchen 66

Weintraubenkuchen...............67

Weintraubenstrudel................68

Zwetschkenkuchen 69

Zwetschkenfleck 70

Aufläufe, Knödel & Schmarren

Apfelgratin mit Biskotten 74

Apfelspalten...........................76

Birnenauflauf 78

Brombeerauflauf....................79

Erdbeerauflauf
mit Topfen 80

Grießauflauf mit Kirschen 81

Heidelbeernocken 82

Heidelbeerrollen....................83

Heidelbeerschmarren............84

Kirschschmarren....................86

Marillenauflauf 87

Marillenknödel 88

Reisauflauf
mit Äpfeln & Rhabarber.........90

Rhabarberauflauf
mit Topfen 91

Ribiselauflauf 92

Topfenauflauf mit Äpfeln.......93

Zwetschkenknödel 94

Zwetschkenauflauf................96

Torten
& Rouladen

Birnen-Jogurttorte

150 g Mehl
100 g Butter
50 g Staubzucker
1 Dotter
9 Blatt Gelatine
600 g Jogurt
150 g Zucker
3 Zitronen
500 g Birnen
400 g Schlagobers
gehobelte Mandeln

- Aus Mehl, Butter, Staubzucker und Dotter einen Mürbteig bereiten und mindestens 30 Minuten im Kühlschrank rasten lassen.

- Eine Springform damit auslegen, einen Rand hochziehen und im vorgeheizten Backrohr bei 175 °C ca. 20 Minuten backen.

- Die Birnen schälen, halbieren und entkernen. Anschließend mit Zitronensaft, etwas Zucker und Wasser dünsten.

- Die Gelatine einweichen und das Jogurt und den Zucker verrühren. Die Zitronenschalen abreiben und ebenfalls einrühren.

- Gelatine ausdrücken, auflösen und in die Jogurtmasse einrühren.

- Birnenhälften auf den Biskuitboden legen.

- Schlagobers steif schlagen und unter das Zitronenjogurt heben, dieses auf den Birnen verteilen und anschließend kalt stellen, bis die Masse erstarrt ist.

- Den Tortenrand mit Schlagobers bestreichen und mit Mandelblättchen bestreuen. Mit Schlagobers Rosetten auf die Torte aufspritzen und mit Birnen verzieren.

Brombeertorte

mit Schneehaube

150 g Topfen
6 EL Öl
2 Eidotter
75 g Staubzucker
300 g Mehl
1 EL Backpulver
Fett für die Form
750 g Brombeeren
125 g Zucker
50 g gehobelte Mandeln
2 Eiklar
100 g Zucker

- Topfen, Öl, Eidotter, Staubzucker, Mehl und Backpulver zu einem glatten Teig verkneten. Eine gefettete Springform damit auslegen und den Rand fest andrücken.

- Brombeeren waschen und abtropfen lassen. Mit Zucker und Mandeln vermischen und auf dem Teig verteilen. Im vorgeheizten Backofen bei 180 °C etwa 30 Minuten backen.

- Eiklar steif schlagen und nach und nach den Zucker einrieseln lassen.

- Baisermasse in einen Spritzbeutel mit Lochtülle füllen und auf die Brombeeren kleine Tupfer spritzen. Bei gleicher Temperatur weitere 10 Minuten überbacken.

Der gute Tipp:

Brombeeren sollten gründlich, aber nur ganz kurz gewaschen werden. So bleiben sie saftig, ohne matschig zu werden.

Erdbeer-Jogurttorte

1 Packung Biskotten
500 g Erdbeeren
1/2 l Schlagobers
1/2 l Jogurt
10 Blatt Gelatine

● 1 Tortenform am Boden und Rand mit Biskotten auslegen.

● Erdbeeren waschen, trockentupfen und mit dem Mixstab pürieren. Gelatine im kalten Wasser einweichen. Jogurt und Erdbeeren vermengen. Gelatine gut ausdrücken, auf kleiner Flamme in wenig Wasser auflösen und in die Erdbeer-Jogurt-Creme einrühren.

● Schlagobers steif schlagen und vorsichtig unterheben. Creme in die Tortenform gießen, mit Klarsichtfolie bedecken und für mindestens 5 Stunden in den Kühlschrank stellen.

● Den Tortenring entfernen und beliebig mit Schlagobers und Erdbeeren verzieren.

Der gute Tipp:

Damit das Aroma der Erdbeeren erhalten bleibt, empfiehlt es sich, die Früchte zuerst zu waschen und dann erst die Kelchblätter auszuzupfen.

Erdbeer-Topfentorte

90 g Butter
6 Eier
175 g Zucker
250 g Mehl
Fett für die Form
250 g Erdbeeren
400 g Schlagobers
300 g Topfen
4 Blatt Gelatine
Zucker nach Geschmack
etwas Staubzucker zum Bestreuen

● Butter in einem kleinen Topf schmelzen lassen, die Eier trennen, dann die Eidotter und den Zucker schaumig rühren. Das Mehl einrühren und die flüssige Butter dazugießen. Das Eiklar sehr steif schlagen und 1/3 davon vorsichtig unter die Dottermasse heben. Restlichen Eischnee ebenfalls vorsichtig unterheben. Die Masse in die gefettete Springform füllen, glattstreichen und bei 180 °C etwa 35 Minuten backen. Die Torte vom Rand lösen und auskühlen lassen.

● Für die Füllung die Gelatine nach Packungsanweisung einweichen, ausdrücken und im Wasserbad schmelzen lassen. Anschließend unter das kalte Schlagobers rühren und die Masse kalt stellen. Inzwischen die Erdbeeren waschen und halbieren oder vierteln. Das Schlagobers, sobald es zu gelieren beginnt, steif schlagen, anschließend den Topfen und Zucker nach Geschmack unterziehen. Den Biskuitboden einmal durchschneiden und einen Boden wieder in die Form geben. Mit den Erdbeeren belegen, anschließend die Topfencreme darauf verteilen und glattstreichen. Mit dem zweiten Tortenboden bedecken und mindestens 2 Stunden in den Kühlschrank stellen.

● Vor dem Servieren mit Staubzucker bestreuen.

Erdbeerroulade

7 Eier
150 g Mehl
50 g Maizena
200 g Zucker
120 g erweichte Schokolade
250 g Erdbeeren
1 l Schlagobers
Zucker nach Geschmack
etwas erweichte Schokolade
Schokospäne zum Verzieren

- Eier und Zucker cremig aufschlagen. Anschließend die erweichte Schokolade einrühren und das gesiebte Mehl sowie Maizena unterheben. Die Masse auf ein mit Backpapier belegtes Backblech aufstreichen und im vorgeheizten Backofen bei 180 °C ca. 20 Minuten backen.

- Nach dem Backen die Roulade in ein feuchtes Tuch einrollen und auskühlen lassen.

- Die Erdbeeren waschen und halbieren oder vierteln. Das Schlagobers mit dem Zucker steif schlagen, einen kleinen Teil zur Seite stellen und in den Rest etwas erweichte Schokolade einrühren.

- Die Roulade mit der Hälfte der Oberscreme bestreichen, mit den Erdbeeren belegen und einrollen. Auch außen mit dem Schokoladeobers bestreichen und nach Belieben mit dem zur Seite gestellten Schlagobers garnieren. Mit Erdbeeren und Schokospänen verzieren.

Erdbeertorte

Saft und abgeriebene Schale von 1 Zitrone
125 g Butter
100 g Zucker
1 Prise Salz
2 Eier
100 g Mehl
65 g Maizena
1 TL Backpulver
1 EL Staubzucker
400 g Erdbeeren
4 EL Zucker
250 g Topfen
2 EL Jogurt
100 g Staubzucker
1 Pkg. Tortengelee

● Erdbeeren halbieren und mit 4 EL Zucker vermischen, anschließend ca. 1 Stunde ziehen und dann abtropfen lassen.

● Butter, Zucker, Salz und Zitronenschale schaumig rühren, die Eier
nacheinander unterrühren. Mehl, Maizena und Backpulver vermischen und unter die Eimasse rühren.

● Diese Masse in eine bebutterte und bemehlte Springform füllen
und bei 180 °C ca. 30 Minuten backen.

● Zitronensaft und Staubzucker verrühren. Fertigen Tortenboden
mit einem Zahnstocher mehrmals einstechen, mit dem Zitronensaft bestreichen und abkühlen lassen.

● Den Topfen mit Jogurt und Zucker glattrühren, auf dem Tortenboden verstreichen und mit den halbierten Erdbeeren belegen.

● Das Tortengelee nach Packungsanweisung zubereiten. Anschließend das Gelee einige Minuten abkühlen lassen, dann von
der Mitte aus gleichmäßig über die Erdbeeren verteilen. Mindestens
1 Stunde erstarren lassen.

● Eventuell noch mit Schlagobers garnieren.

Heidelbeer-Oberstorte

80 g Butter
40 g Zucker
1 Prise Salz
1 Eidotter
160 g Mehl
500 g Heidelbeeren
20 g Orangenlikör
8 Blatt Gelatine
1/2 l Schlagobers
50 g Zucker
1 Pkg. Tortengelee
100 g Mandelblättchen

● Aus Butter, Zucker, Salz, Eidotter und Mehl einen Mürbteig bereiten und diesen anschließend zugedeckt 1 Stunde im Kühlschrank rasten lassen.

● Die Heidelbeeren waschen, abtropfen lassen und mit dem Orangenlikör 30 Minuten durchziehen lassen.

● Den Mürbteig ausrollen und eine Springform damit auslegen. Den Teigboden im auf 200 °C vorgeheizten Rohr ca. 15 Minuten backen und erkalten lassen.

● Die Gelatine im kalten Wasser einweichen, ausdrücken und in wenig Wasser im warmen Wasserbad auflösen. Das Schlagobers mit dem Zucker steif schlagen, die Gelatine und 3/4 der Heidelbeeren unterheben. Den Rand der Springform mit dem gebackenen Mürbteigboden mit Alufolie auslegen. Das Heidelbeerobers einfüllen und die restlichen Heidelbeeren darauf verteilen. Anschließend das Tortengelee nach Anweisung zubereiten und die Torte damit überziehen.

● Die Torte im Kühlschrank erstarren lassen und den Rand der Torte mit gerösteten Mandelblättchen bestreuen.

Himbeertorte

400 g Himbeeren
100 g Mehl
70 g Staubzucker
40 g Butter
5 Eier
1 EL Kakaopulver
1 EL Vanillinzucker
etwas geriebene Zitronenschale
90 g Zucker
2 Eiklar

● Himbeeren kurz waschen und trocknen lassen. Butter, Staubzucker, Eidotter, Vanillinzucker und geriebene Zitronenschale
schaumig rühren. Mehl und Kakaopulver mischen. 5 Eiklar und
50 g Zucker zu steifem Schnee schlagen. Dottermasse und Kakao-
mehl vorsichtig unter den Schnee heben, dann die Himbeeren
vorsichtig einmengen. Masse in eine gebutterte und bemehlte
Tortenform gießen und bei 170 °C hell backen (ca. 50 Minuten).
Torte noch heiß aus der Form nehmen und auskühlen lassen.

● 2 Eiklar und 40 g Zucker zu steifem Schnee schlagen, in einen
Dressiersack mit großer Tülle füllen und ein Gitter auf die Torte
spritzen. Bei 200 °C für 5 Minuten nachbacken.

Der gute Tipp:

Himbeeren sollten nur ganz kurz, aber gründlich gewaschen
werden, damit sie saftig bleiben.

Himbeerroulade

500 g Himbeeren
8 Eidotter
120 g Zucker
4 Eiklar
100 g Mehl
1/2 l Schlagobers
100 g Zucker
etwas geriebene Zitronenschale
etwas Staubzucker zum Bestreuen

● Backblech mit Backpapier belegen. Backrohr auf 180 °C vorheizen. 12 Himbeeren für die Garnierung zur Seite legen.

● Eidotter mit 2/3 des Zuckers und der Zitronenschale schaumig schlagen. Eiklar mit restlichem Zucker zu einem steifen Schnee schlagen und vorsichtig unter die Dottermasse heben. Mehl unterziehen. Den Teig auf das Blech streichen und bei 180 °C ca. 15 Minuten backen. Auf eine bemehlte Arbeitsfläche stürzen und das Papier abziehen.

● Schlagobers mit Zucker steif schlagen (3 EL zur Seite stellen), Himbeeren leicht zerdrücken und unterheben. Die Roulade mit dem Himbeerschlagobers bestreichen und einrollen.

● Anschließend mit Staubzucker bestreuen, 12 Schlagoberstupfen aufspritzen und mit je einer Himbeere garnieren.

Kastaniencremetorte

400 g Kastanien
6 Eier
140 g Zucker
1 EL Vanillinzucker
50 g Semmelbrösel
Butter für die Form
1/4 l Schlagobers
Marillen- oder Ribiselmarmelade
120 g Schokolade
1 TL Butter
200 g Zucker
1/8 l Wasser

● Kastanien schälen, in kochendes Wasser geben, weich kochen und sofort passieren.

● Eidotter mit 2/3 des Zuckers schaumig rühren, mit Vanillinzucker, Semmelbröseln und 120 g der passierten Kastanien vermischen. Die Eiklar mit dem restlichen Zucker steif schlagen und den Schnee unterziehen. Die Masse in eine gebutterte Springform füllen und bei 180 °C etwa 1 Stunde backen. Die Torte nach dem Auskühlen einmal durchschneiden.

● Das Schlagobers steif schlagen, mit den restlichen Kastanien mischen und die Torte damit füllen.

● Für die Schokoladeglasur die Schokolade mit der Butter im Wasserbad schmelzen. Zucker und Wasser kurz kochen, etwas abkühlen lassen und nach und nach mit der geschmolzenen Schokolade verrühren.

● Die Torte dünn mit Marmelade bestreichen und mit Schokoladeglasur überziehen.

Kastanientorte

300 g Kastanien
200 g Zucker
3 Eidotter
3 Eiklar
100 g Mandeln
3 EL Kirschwasser
Butter und Mehl für die Form
200 g Kirschmarmelade
200 g dunkle Kuvertüre

● Die Kastanien weich kochen und passieren, die Mandeln mahlen.

● Die Eidotter mit Zucker schaumig rühren, anschließend die Kastanien, Mandeln und das Kirschwasser dazugeben, dann den steif geschlagenen Eischnee vorsichtig unterheben. Den Teig in eine gebutterte, mit Mehl ausgestreute Springform füllen und im vorgeheizten Backofen bei 180 °C rund 1 Stunde backen.

● Marmelade erwärmen und die Torte rundherum damit bestreichen. Die Kuvertüre im Wasserbad schmelzen und die völlig ausgekühlte Torte damit überziehen. Mit Schlagobers servieren.

Der gute Tipp:

So lassen sich Kastanien am besten schälen: Man schneidet sie von der runden Seite ein, legt sie auf ein Backblech und besprengt sie mit Wasser. Anschließend gibt man sie für ca. 10 Minuten ins heiße Backrohr, bis sie aufspringen.

Kokos-Stachelbeer-Torte

100 g Dinkelmehl
50 g Kokosflocken
1/2 TL Zimt
80 g Butter
75 g Vollrohrzucker
2 EL Wasser
1 Eidotter
4 Eiklar
100 g Vollrohrzucker
75 g Dinkelmehl
150 g Kokosflocken
1 EL Orangenschale
3 EL Cognac
500 g Stachelbeeren

● Aus Dinkelmehl, Kokosflocken, Zimt, Butter, Zucker, Wasser und Eidotter einen Mürbteig bereiten und diesen ca. 30 Minuten in den Kühlschrank stellen.

● Inzwischen die Eiklar mit dem Vollrohrzucker steif schlagen. 75 g Dinkelmehl und die 150 g Kokosflocken, die Orangenschale und den Cognac mischen und den Eischnee vorsichtig unterheben.

● Den Mürbteig auf einer bemehlten Arbeitsfläche ausrollen und in eine bebutterte und bemehlte Springform geben. Die Hälfte der Eiklar-Kokosmasse auf den Teigboden verteilen. Anschließend mit den geputzten Stachelbeeren belegen und dann mit dem Rest der Eiklar-Kokosmasse bedecken.

● Den Kuchen im vorgeheizten Backofen bei 180 °C ca. 40 Minuten backen.

Quittentorte

400 g Mehl
300 g Butter
20 g Zucker
1 TL Salz
2 Eidotter
4 EL Wasser
Mehl zum Ausrollen
2 kg Quitten
350 g Zucker
2 EL Cognac

● Aus Mehl, Butter, Zucker, Salz, Eidotter und Wasser einen Mürbteig bereiten und dann 30 Minuten an einem kühlen Ort ruhen lassen.

● In der Zwischenzeit die Quitten mit einem trockenen Tuch abreiben, waschen, schälen und vierteln oder achteln und die Kerngehäuse entfernen. Schalen und Kerngehäuse in 1 1/2 l Wasser 10–15 Minuten auskochen lassen. Abseihen, die Flüssigkeit auffangen und die Schalen und Kerngehäuse wegwerfen. Die Flüssigkeit mit dem Zucker aufkochen lassen und die Quittenspalten portionsweise 3 Minuten darin kochen, dann herausnehmen.

● Den Teig auf einer bemehlten Arbeitsfläche nochmals durchkneten, bis er geschmeidig ist, dann rund ausrollen und in eine gefettete Springform geben, einen Rand hochziehen.

● Den Tortenboden mehrfach mit einer Gabel einstechen, die Quittenspalten kreisförmig von außen nach innen auflegen und die Torte bei 200 °C etwa 45 Minuten backen. In der Zwischenzeit 1/2 l Quittensaft auf die Hälfte einkochen lassen, mit Cognac verrühren und auskühlen lassen.

● Die Torte auskühlen lassen und kurz bevor der Saft geliert, die Quitten damit bestreichen.

● Die Torte mit Schlagobers servieren.

Rhabarbertorte

mit Mandeln

125 g Butter
125 g Zucker
1 EL Vanillinzucker
1 Ei
2 Eidotter
250 g Mehl
1/2 EL Backpulver
2 EL Milch
500 g Rhabarber
3 Eiklar
100 g Zucker
2 EL Stärkemehl
100 g Mandeln
1/2 TL Zimt
25 g Mandelstifte

● Butter, Zucker, Vanillinzucker und Eier schaumig rühren. Mehl mit Backpulver vermischen und zusammen mit der Milch in den Rührteig einrühren.

● Springform fetten und mit Semmelbröseln ausstreuen, den Teig einfüllen.

● Rhabarber putzen, waschen, in 3 cm lange Stücke schneiden und auf dem Rührteig verteilen. Eiklar zu steifem Schnee schlagen, Zucker und Stärkemehl einrieseln lassen, gemahlene Mandeln und Zimt unterheben. Mandelteig auf dem Obst verteilen, zuletzt die Mandelstifte darüber streuen. Bei 180 °C ca. 50 Minuten backen.

Ribiseltorte

150 g Buchweizenmehl
120 g Weizenmehl
1 Prise Salz
150 g Butter
2 EL Orangenblütenhonig
2 Eidotter
375 g Ribiseln
4 EL Wasser
6 Blatt Gelatine
100 g Topfen
Zucker oder Honig nach Geschmack
1/4 l Schlagobers
Ribiseln zum Garnieren

● Aus Mehl, Salz, Butter, Honig und Eidottern einen Mürbteig
bereiten und anschließend etwa 30 Minuten ruhen lassen, danach
ausrollen. Eine Tortenbodenform fetten, mit Mehl ausstreuen, mit
dem Teig auslegen und den Boden mit einer Gabel mehrmals einstechen. Bei 180 °C etwa 20 Minuten backen und dann auskühlen
lassen.

● Gelatine in kaltem Wasser einweichen, die Ribiseln mit Wasser
garen, in ein Sieb geben, die Früchte etwas ausdrücken, den Saft
auffangen (ergibt ca. 200 ml) und die Gelatine darin auflösen.
Topfen süßen, abgekühlten Saft unterrühren und in den Kühlschrank stellen. Das Schlagobers steif schlagen und unter die
Masse ziehen, sobald diese zu gelieren beginnt. Creme auf den
abgekühlten Tortenboden streichen und mit Ribiseln und etwas
Schlagobers garnieren.

Schwarzwälder Kirschtorte

130 g Mehl
1 EL Kakaopulver, 1/2 EL Backpulver
50 g Zucker, 1 EL Vanillinzucker
1 Prise Salz, 80 g Butter
1 EL Kirschlikör, 200 g Schokoladenspäne
4 Eier, 80 g Mehl, 120 g Zucker
600 g Weichseln, 80 g Zucker
1 EL Maizena, 3 EL dicker Weichselsaft
1 EL Kirschlikör, 1/2 l Schlagobers
1 Pkg. Schlagobersfestiger

● Mehl, Kakaopulver, Backpulver, Zucker, Vanillinzucker, Salz, Butter und Kirschlikör zu einem festen Teig kneten. 20 Minuten kühl stellen, ausrollen und eine gebutterte Tortenform damit auslegen. Mit einer Gabel mehrmals einstechen und bei 180 °C ca. 15 Minuten backen.

● 4 Eier, 80 g Mehl und 120 g Zucker sehr schaumig schlagen. In eine gebutterte, bemehlte Form gießen und bei 180 °C ca. 30 Minuten backen. Auskühlen lassen und einmal durchschneiden. Weichseln entkernen, mit dickem Weichselsaft oder Wasser aufkochen, auskühlen lassen, Maizena einrühren. Mit Zucker und Kirschlikör abschmecken. Schlagobers mit Festiger steif schlagen. Ein Drittel vom Schlagobers und die Hälfte der Weichseln auf dem dunklen Boden verteilen. Biskuitboden aufsetzen und leicht andrücken. Übrige Weichseln und wiederum etwas Schlagobers darauf verteilen. Zweiten Biskuitboden aufsetzen und leicht andrücken. Restliches Schlagobers darauf verteilen. Mit Schokoladenspänen verzieren.

Tiramisù

mit Erdbeeren

75 g Biskotten
5 EL Amaretto
500 g Erdbeeren
2 EL Zucker
350 g Topfen
250 g Mascarpone
5 EL Milch
75 g Zucker
1 EL Vanillinzucker
1 EL Kakao

- Biskotten grob zerbröseln und in einer Auflaufform verteilen. Anschließend mit Likör beträufeln und ca. 30 Minuten ziehen lassen.

- Erdbeeren waschen, putzen und zerkleinern. Einige Erdbeeren zum Verzieren beiseite legen.

- Den Rest der Erdbeeren mit 2 Esslöffel Zucker bestreuen und etwas ziehen lassen. Topfen, Mascarpone, Milch, Vanillinzucker und restlichen Zucker verrühren.

- Erst die Erdbeeren, dann die Mascarponecreme auf die Biskottenbrösel verteilen. Bis zum Servieren kühl stellen.

- Mit Kakao bestäuben und mit Erdbeeren, eventuell auch mit etwas Schlagobers, verzieren.

Tiramisù

mit Marillen

100 g Wasser
40 g Zucker
10 g Vanillinzucker
800 g Marillen
2 Eier
2 Eidotter
60 g Zucker
10 g Vanillinzucker
500 g Mascarpone
2 Eiklar
200 g Kompottsaft
50 g Marillenlikör
200 g Nuss- oder Schokolademakronen

● Das Wasser, Zucker und Vanillinzucker aufkochen. Die entsteinten und geviertelten Marillen darin ca. 3 Minuten bei kleiner Hitze leicht köcheln lassen, dann abgießen und den Saft auffangen.

● Eier, Eidotter, Zucker und Vanillinzucker sehr schaumig aufschlagen und den Mascarpone einrühren. Eiklar steif schlagen und unterheben.

● Die Makronen mit Likör und Kompottsaft leicht tränken. In eine geeignete Schüssel lagenweise Makronen, Marillen und Creme einschichten.

● Mindestens 2 Stunden kalt stellen.

Topfenroulade

mit schwarzen Johannisbeeren

5 Eier, 75 g Zucker, 1 Vanilleschote
50 g Mehl, 50 g Speisestärke
etwas Kristallzucker
5 Blatt Gelatine
125 g Topfen
1/8 l Buttermilch
6 EL Johannisbeerlikör
60 g Zucker
200 g Schlagobers
300 g schwarze Johannisbeeren
300 g Schlagobers

● Für den Teig das Eiklar zu steifem Schnee schlagen. Eidotter,
Zucker und das Vanillemark schaumig schlagen. Eischnee, Mehl
und Stärke locker unterheben und den Teig auf ein mit Backpapier ausgelegtes Backblech streichen. Im vorgeheizten Backrohr bei 175 °C etwa 15 Minuten backen. Biskuit auf ein mit
Zucker bestreutes Geschirrtuch stürzen und das Papier sofort
abziehen. Den Biskuitteig mit dem Geschirrtuch aufrollen und
auskühlen lassen.

● Für die Fülle die Gelatine in kaltem Wasser einweichen. Topfen,
Buttermilch, Likör und Zucker verrühren. Gelatine ausdrücken,
bei kleiner Hitze in einem Topf auflösen und unter die Creme
rühren, anschließend kalt stellen. Das Schlagobers steif schlagen,
und sobald die Creme zu gelieren beginnt, unterheben. Johannisbeeren waschen und trockentupfen.

● Biskuitrolle vorsichtig auseinanderrollen, mit der Creme bestreichen und die Beeren darauf streuen. Biskuit und Fülle fest aufrollen und mindestens 3 Stunden kalt stellen. Die Roulade mit
steif geschlagenem Schlagobers bestreichen, zuletzt Rosetten
aufspritzen und mit schwarzen Johannisbeeren verzieren.

Topfentorte

mit Rhabarber

1 kg Rhabarber, 5 Blatt Gelatine, 150 g Ribiselgelee
50 g Zucker, 3 Eier, 100 g Zucker, 90 g Mehl
Fett für die Form, Mehl für die Form
500 g Topfen, 1 Zitrone, 9 Blatt Gelatine
4 Eidotter, 100 g Zucker, 150 ml Milch, 1 Prise Salz
500 ml Schlagobers, 150 ml Schlagobers

- Die Gelatine in kaltem Wasser einweichen. Ribiselgelee und
  Zucker vermischen und einmal aufkochen. Rhabarber waschen,
  putzen und schälen, anschließend in 3 cm große Stücke schneiden, dazugeben und zugedeckt bei milder Hitze 5 Minuten dünsten. Die tropfnasse Gelatine bei milder Hitze auflösen und unter
  das Kompott rühren, anschließend kalt stellen.

- Für den Teig Eier und Zucker schaumig schlagen. Das gesiebte
  Mehl unterheben, die Masse in eine befettete und bemehlte
  Springform geben und bei 175 °C etwa 20 Minuten backen, an-
  schließend auskühlen lassen.

- Für die Topfenfülle den Topfen in einem Sieb etwa 1 Stunde abtropfen lassen. Gelatine in kaltem Wasser einweichen. Eidotter,
  Zucker, Milch, 2 Esslöffel Zitronensaft, Zitronenschale und Salz
  im warmen Wasserbad cremig aufschlagen. Die ausgedrückte
  Gelatine einrühren und die Creme kalt stellen, zwischendurch
  umrühren. Biskuit einmal durchschneiden, einen Boden auf eine
  Tortenplatte legen und einen Tortenring um den Boden setzen.

- Sobald die Eiercreme zu gelieren beginnt, den abgetropften
  Topfen unterrühren. Das Schlagobers nicht ganz steif schlagen
  und unterheben.

- Den Rhabarber auf dem Tortenboden verteilen, den 2. Boden
  darauflegen und mit der Topfenmasse bestreichen. Die Torte mindestens 4 Stunden in den Kühlschrank stellen. Mit Rhabarber-
  stücken und Schlagobers verzieren.

Topfentorte

mit Kirschen

150 g Mehl, 100 g Butter
50 g Staubzucker, 1 Prise Salz
1 Eidotter
400 g Kirschen
500 g Topfen, 100 g Butter
100 g Staubzucker
2 Eier, 250 g Sauerrahm
50 g Maizena
Saft von 1/2 Zitrone

- Mehl, Butter, Staubzucker, Salz und Eidotter rasch zu einem Mürbteig verarbeiten und anschließend ca. 1/2 Stunde an einem kühlen Ort rasten lassen.

- Butter, Staubzucker und Eier schaumig schlagen, Topfen und Sauerrahm verrühren und dann unter den Butterabtrieb mischen. Maizena mit einem Sieb in die Masse einsieben.

- Den Teig ausrollen, in eine Springform legen und einen Rand hochziehen. Bei 180 °C ca. 10 Minuten vorbacken.

- Den vorgebackenen Teig aus dem Rohr nehmen und etwas auskühlen lassen. Die Topfenfülle einfüllen und die entkernten Kirschen daraufstreuen. Wieder in das Rohr schieben und bei 180 °C ca. 40 Minuten fertig backen.

- Vor dem Servieren mit Staubzucker bestreuen.

Kuchen,
Blechkuchen
& Strudel

Apfelbrot

350 g Äpfel
100 g Honig
100 g Rosinen
60 g Haselnüsse
1 TL Zimt
1 TL Kakao
1 Prise Nelkenpulver
2 EL Schnaps
250 g Vollkornmehl
1 TL Backpulver

● Die Äpfel schälen, entkernen, klein schneiden und mit dem Honig über Nacht ziehen lassen.

● Am nächsten Morgen alle übrigen Zutaten zu den Äpfeln geben und gut verrühren.

● Den Teig in eine ausgebutterte Kastenform geben und ca. 1 1/2 Stunden bei 175 °C backen.

Der gute Tipp:

Von den vielen heimischen Apfelsorten eignet sich besonders der Boskoop mit seinem würzigen und säuerlichen Geschmack für das Apfelbrot.

Apfelkuchen

mit Streuseln

200 g Mehl
1 Prise Backpulver
1 Prise Salz, 50 g Zucker
1 EL Vanillinzucker
125 g Butter
1 Ei, 1 EL Rum
15 g Butter, 750 g Äpfel
etwas Zitronensaft
100 g Mehl, 70 g Zucker
1/2 TL Zimt, 70 g Butter

● Für den Teig Mehl, Backpulver, Salz, Zucker, Vanillinzucker, Butter, Ei und Rum rasch zu einem Mürbteig verarbeiten und anschließend an einem kühlen Ort 30 Minuten ruhen lassen.

● Für die Streusel Mehl, Zucker und Zimt vermischen, zerlassene, abgekühlte Butter tropfenweise dazugeben und mit einer Gabel leicht verrühren, so dass kleine Klümpchen entstehen. Die Streuselmasse kurz in den Kühlschrank stellen.

● Äpfel schälen, vierteln, das Kerngehäuse entfernen und mit Zitronensaft beträufeln. Anschließend grob raspeln.

● Mürbteig ausrollen, eine Springform damit auslegen und einen Rand hochziehen. Den Teigboden mit weicher Butter bestreichen.

● Geraspelte Äpfel darauf verteilen, mit der Streuselmasse bedecken und bei 180 °C ca. 50 Minuten backen.

Apfelstrudel

250 g Mehl
80 g Butter
60 g Zucker
1 Eidotter
2 EL Milch
1 Messerspitze Backpulver
etwas geriebene Zitronenschale
3/4 kg säuerliche Äpfel
80 g Zucker
1/2 TL Zimt
50 g Rosinen
3 EL Semmelbrösel

- Mehl, Butter, Zucker, Eidotter, Milch, Backpulver und Zitronenschale zu einem festen Mürbteig kneten und für 1/2 Stunde kühl stellen.

- Backrohr auf 180 °C vorheizen und Blech mit Backpapier belegen. Äpfel schälen, entkernen und fein hobeln. Mit Zucker, Zimt, Rosinen und Semmelbrösel vermischen, eventuell Saft von 1/2 Zitrone dazugeben.

- Teig zu einem Rechteck ausrollen, mit der Fülle belegen und einrollen. Mit Ei bestreichen und auf das Blech legen, bei 180 °C ca. 30 Minuten backen.

Becherkuchen

mit Erdbeeren & Rhabarber

1 Becher Schlagobers
1 Becher Zucker
1 EL Vanillinzucker
4 Eier
2 Becher Mehl
1 EL Backpulver
1 Prise Salz
abgeriebene Schale von 1 Zitrone
500 g Rhabarber
1 kg Erdbeeren
3 Eier
1/2 Becher Zucker

- Als Maßeinheit wird der Schlagobersbecher verwendet.

- Das Schlagobers mit dem Zucker, dem Vanillinzucker und den Eiern gut verrühren. Anschließend das Mehl, Backpulver, Salz und die Zitronenschale unterrühren.

- Den Teig auf ein mit Backpapier belegtes Backblech streichen und bei 200 °C 10 Minuten backen.

- Rhabarber und Erdbeeren waschen und putzen, den Rhabarber in Stücke schneiden, die Erdbeeren vierteln.

- Die Eier trennen und die Eidotter mit dem Zucker schaumig rühren. Das Eiklar steif schlagen und unterziehen, dann diese Eimasse auf den warmen Kuchen streichen.

- Die Früchte darauf verteilen und den Kuchen nochmals bei 200 °C auf der mittleren Einschubleiste 15 Minuten backen.

Birnenkuchen

250 g Mehl, 130 g Butter
90 g Staubzucker, 1 Prise Salz
etwas geriebene Zitronenschale
5 feste Birnen, 5 EL Honig, 20 g Maizena
90 g Staubzucker, 4 Eier, 1/4 l Schlagobers
4 EL Marillenmarmelade
1 EL Birnenschnaps
50 g gehobelte Mandeln

● Mehl, Butter, Staubzucker, Salz und Zitronenschale zu einem Mürbteig kneten. Zugedeckt für ca. 1 Stunde in den Kühlschrank stellen. Anschließend nochmals durchkneten und auf einer bemehlten Arbeitsfläche ausrollen. Obstkuchenform mit Butter ausstreichen und bemehlen. Teig in die Form legen und mehrmals mit einer Gabel einstechen. Bei ca. 200 °C für 15 Minuten backen. Aus dem Rohr nehmen, leicht auskühlen lassen.

● Birnen schälen, vierteln, Kerngehäuse ausschneiden und in schmale Spalten schneiden. Honig in einem Topf erhitzen, Birnen einlegen und unter ständigem Wenden glacieren. Anschließend die Birnen in ein Sieb geben und abtropfen lassen. Zucker und Maizena vermischen, Eier und Schlagobers untermischen.

● Mandeln in einer Pfanne ohne Fett rösten und auskühlen lassen. Kuchenboden mit Birnen belegen, mit der Schlagobersmischung übergießen und bei ca. 180 °C für 40 Minuten backen.

● Marmelade erwärmen, mit Schnaps vermischen und den Kuchen damit bestreichen. Mit gerösteten Mandeln bestreuen.

Brombeerkuchen

250 g Mehl
1 Prise Backpulver
125 g Butter
2 EL Zucker
1 Ei
500 g Brombeeren
abgeriebene Schale von 1 Zitrone
6 Scheiben Zwieback
1 TL Zimt
125 g gemahlene Mandeln
100 g Butter
1 EL Vanillinzucker
100 g Zucker
4 Eier

- Das Mehl, Backpulver, Butter, den Zucker und das Ei schnell zu einem geschmeidigen Mürbteig verkneten, diesen in Frischhaltefolie wickeln und etwa 30 Minuten im Kühlschrank rasten lassen.

- Brombeeren kurz unter kaltem Wasser abspülen und auf Küchenpapier abtropfen lassen.

- Den Zwieback fein zerbröseln und mit Zimt, Zitronenschale und gemahlenen Mandeln vermischen. Die Butter schaumig schlagen und nach und nach Vanillinzucker, Zucker und die Eier unterrühren. Zum Schluß die Mandel-Zwieback-Mischung unterheben.

- Mürbteig auf leicht bemehlter Fläche ausrollen, dann in die vorbereitete Form legen und einen etwa 3 cm hohen Rand hochziehen.

- Die Mandelcreme auf den Teigboden streichen, darauf die Brombeeren verteilen und leicht eindrücken. Im auf 200 °C vorgeheizten Rohr etwa 60 Minuten backen.

Brombeerschnitten

50 g Butter
80 g Honig
2 Eier
1/2 TL Zimt
abgeriebene Schale von 1 Zitrone
1/2 TL Backpulver
130 g Mehl
450 g Brombeeren
50 g Butter
80 g Honig
1 Ei
80 g Mandeln
1/2 TL Zimt
1 EL Brombeergeist
40 g Mehl

● Die Butter mit dem Honig und den Eiern schaumig rühren. Den Zimt, die Zitronenschale und das mit dem Backpulver vermischte Mehl dazugeben.

● Den Teig auf ein mit Backpapier belegtes Backblech streichen und mit den gewaschenen Brombeeren belegen. Im Backrohr bei 200 °C etwa 25 Minuten vorbacken.

● Für den Guss die Butter bei milder Hitze zerlassen, dann den Honig und das Ei damit verrühren. Die Mandeln mittelgrob hacken und dazugeben, anschließend den Zimt, den Brombeergeist und zuletzt das Mehl darunterrühren.

● Den Guss noch warm über den vorgebackenen Kuchen verteilen, anschließend noch 25 Minuten backen, bis die Oberfläche fest und goldgelb ist.

Erdbeerstrudel

800 g feste Erdbeeren
50 g Kristallzucker
100 g Butter
80 g Semmelbrösel
50 g Zucker
200 g gehobelte Mandeln
4 Blätter Fertig-Strudelteig
Staubzucker zum Bestreuen

● 50 g Butter in einem Topf zergehen lassen, Mandelblättchen dazugeben und weiterrühren. Nach 2 Minuten Semmelbrösel und 50 g Kristallzucker dazugeben und unter ständigem Rühren rösten. Vom Herd nehmen und auskühlen lassen. Erdbeeren putzen, waschen und trockentupfen, mit 50 g Zucker vermengen.

● Backblech mit Backpapier belegen. Backrohr auf 200° vorheizen.

● Ein Fertig-Strudelblatt auf ein feuchtes Tuch legen, mit zerlassener Butter bestreichen, zweites Fertig-Strudelblatt darauf legen. Mandelbrösel und Erdbeeren zur Hälfte darauf verteilen, eventuell noch mit ein paar Mandelblättchen bestreuen. Seitliche Teigränder einschlagen, den Strudel einrollen und auf das Backblech legen.

● Den zweiten Strudel zubereiten, mit Butter bestreichen und 15 Minuten goldgelb backen. 10 Minuten rasten lassen und mit Staubzucker bestreuen.

Früchtestrudel

1 Pkg. Tiefkühl-Blätterteig
1 kg Früchte nach Belieben und Angebot
Zucker, Zitronensaft
etwas Zimt, Ei zum Bestreichen
1 EL Butter
50 g Semmelbrösel
etwas Staubzucker zum Bestreuen

● Früchte waschen, nach Bedarf schälen und zerkleinern. Anschließend mit Zucker, Zimt und Zitronensaft marinieren. Zerlassene Butter und Semmelbrösel vermischen.

● Blätterteig aufrollen, mit der Bröselbutter und der Fülle belegen und auf einer Seite mit Ei bestreichen. Den Strudel einrollen, außen ebenfalls mit dem Ei bestreichen und auf ein mit Backpapier belegtes Backblech legen.

● Im Rohr bei 180 °C ca. 30 Minuten backen.

Himbeerkuchen

230 g Mehl
1/2 EL Backpulver
230 g Butter
230 g Staubzucker
1 EL Vanillinzucker
Saft von 1 Zitrone
4 Eier
400 g frische Himbeeren
1/8 l Eierlikör
Staubzucker zum Betreuen

- Backblech mit Backpapier belegen. Backrohr auf 180 °C vorheizen. Himbeeren leicht in Mehl wälzen.

- Mehl, Backpulver, Butter, Zucker, Vanillinzucker und Zitronensaft cremig rühren. Eier und Eierlikör untermengen und schaumig schlagen.

- Masse auf das Backblech streichen, mit Himbeeren belegen und bei 180 °C ca. 50 Minuten backen.

- Mit Zucker bestreut servieren.

Kirschkuchen

100 g Mehl
50 g Staubzucker
1 EL Vanilleinzucker
50 g Butter
4 Eidotter
4 Eiklar
etwas geriebene Zitronenschale
1 Messerspitze Zimt
2 EL geriebene, geschälte Mandeln
40 g Zucker
3/4 kg dunkle Kirschen

● Kirschen waschen, entsteinen und abtropfen lassen. Butter, Zucker, Vanillinzucker, Zitronenschale und Zimt schaumig rühren. Mandeln und Mehl beimengen. 4 Eidotter einrühren.

● Eiklar und Zucker zu steifem Schnee schlagen und unter die Masse heben.

● Kirschen vorsichtig dazugeben. In eine gebutterte, bemehlte Wannenform gießen und bei 180 °C ca. 40 Minuten backen.

Der gute Tipp:

Um das Entsteinen der Kirschen zu vereinfachen, verwendet man am besten einen Kirschenentsteiner (im Fachhandel erhältlich).

Marillenkuchen

100 g Butter
3 Eidotter
Vanillinzucker
100 g griffiges Mehl
3 Eiklar
etwas geriebene Zitronenschale
50 g Kristallzucker
50 g Staubzucker
1 kg Marillen
150 g gehobelte Mandeln
etwas Staubzucker

● Butter und Staubzucker schaumig rühren, Vanillinzucker, geriebene Zitronenschale sowie nach und nach 3 Eidotter einrühren. Eiklar und Kristallzucker zu festem Schnee schlagen.

● Schnee und Mehl vorsichtig vermengen und unter die Masse heben. Die Masse auf ein mit Backpapier belegtes Backblech streichen. Mit gewaschenen, getrockneten und halbierten Marillen belegen. Mit gehobelten Mandeln bestreuen und bei 180 °C 45 Minuten backen. Mit Zucker bestreut servieren.

Marillenstrudel

1 Pkg. Tiefkühl-Blätterteig
1 kg Marillen
Saft von 2 Zitronen
120 g Zucker
1 Prise Zimt
1 Prise Nelkenpulver
20 g geriebene Mandeln
30 g Semmelbrösel
2 EL Butter
Ei zum Bestreichen
Staubzucker zum Bestreuen

● Die Marillen waschen, halbieren, entsteinen und in schmale Spalten schneiden. Mit dem Zitronensaft marinieren und mit Zucker, Zimt und Nelkenpulver vermischen. Die geriebenen Mandeln ebenfalls dazumengen. Die Semmelbrösel mit der Butter kurz anrösten.

● Den Blätterteig aufrollen und mit der Bröselbutter bestreuen. Mit der Marillenfülle belegen und am Rand mit Ei bestreichen. Den Strudel einrollen, außen ebenfalls mit Ei bestreichen und im Backrohr bei 200 °C etwa 20 Minuten backen. Vor dem Servieren mit Staubzucker bestreuen.

Maronischnitten

250 g Maronipüree
1/2 EL Vanillinzucker
3 EL Rum
3 Eier, 140 g Zucker
1 EL Kakao, 2 EL Öl
100 g Mehl
etwas Ribiselmarmelade
1/8 l Schlagobers, 100 g Kuvertüre
1 TL Vanillinzucker, eventuell Schokoladenspäne

● Eier und Zucker über Dunst warm schlagen, vom Dunst nehmen und kalt schlagen.

● Mehl und Kakao darunter mischen und zuletzt das Öl darunter heben. Die Masse auf ein mit Backpapier belegtes Blech streichen (ca. fingerdick), 15 Minuten bei 180 °C backen, auskühlen lassen und das Papier abziehen. In ca. 4 cm breite Streifen schneiden und mit Ribiselmarmelade bestreichen.

● Für die Creme Schlagobers und Kuvertüre schmelzen, aufkochen lassen und etwas Vanillinzucker beigeben. Mit dem Mixer aufschlagen und für ca. 1/2 Stunde in den Kühlschrank stellen.

● Das Maronipüree mit Rum und Vanillinzucker gut verrühren.

● Kuchenstreifen mit Schokoladen- und Maronicreme bestreichen und schichtweise zusammensetzen. Zuletzt mit Maronicreme bestreichen und eventuell mit Schokoladenspänen garnieren.

Mohnkuchen

mit Äpfeln

6 Eier
abgeriebene Schale von 2 Zitronen
200 g Staubzucker
2 EL Vanillinzucker
2 EL Speisestärke
250 g frisch gemahlener Mohn
etwas Butter für die Form
5 EL Zucker
10 EL Calvados
4 EL Zitronensaft
2 große Äpfel

● Die Eier trennen und das Eiklar mit der Zitronenschale steif schlagen.

● Die Eidotter mit Staubzucker und Vanillinzucker aufschlagen und die Speisestärke dazugeben. Die Hälfte vom Eischnee unterrühren, den Mohn dazugeben und das restliche Eiklar unterheben.

● Den Boden einer Springform ausbuttern und den Teig in die Form geben. Den Kuchen im vorgeheizten Backofen bei 150 °C 40 Minuten backen, dann leicht auskühlen lassen.

● Inzwischen für das Kompott Zucker, Calvados und Zitronensaft verrühren und auf kleiner Flamme aufkochen. Die Äpfel halbieren, entkernen und in Spalten schneiden. Die Apfelspalten im Calvadossirup von jeder Seite 30 Sekunden dünsten, anschließend das Kompott kalt stellen.

● Den Mohnkuchen portionieren und mit den Apfelspalten auf Desserttellern anrichten.

Muffins

mit Heidelbeeren

250 g Heidelbeeren
125 g Butter
80 g heller Sirup
1 Orange
80 g Creme fraîche
150 g Haselnüsse
400 g Mehl
1 EL Backpulver

- Die Heidelbeeren verlesen und im Gefrierfach ca. 20 Minuten anfrieren lassen.

- Die Butter bei schwacher Hitze schmelzen und den Sirup darin nach und nach einrühren.

- Die Orangenschale fein abreiben und 4 Esslöffel Saft auspressen, anschließend mit der Creme fraîche unter die Butter rühren.

- Mehl und Backpulver in eine Schüssel sieben, Buttermischung und Nüsse unterrühren und dann die gekühlten Heidelbeeren locker unterkneten.

- Den Teig zur Rolle formen und in 12 Stücke schneiden. Jedes Stück zu einer Kugel rollen und in eine Muffin-Form setzen.

- Im vorgeheizten Backrohr bei 200 °C ca. 25 Minuten backen.

Der gute Tipp:

Man wäscht Heidelbeeren am besten, indem man sie in einer Schüssel mit kaltem Wasser schwenkt und dann mit den Händen herausschöpft, sodass Blätter und Stiele im Wasser zurückbleiben.

Quittenkuchen

3 altbackene Semmeln
1/2 l Milch
125 g Butter
3 Eier
4 Eidotter
4 g Zimt
1 Zitrone
60 g Zucker
150 g Zucker
3 Quitten
1/4 l Wasser
Butter
Semmelbrösel

● Die entrindeten Semmeln in warmer Milch einweichen.

● Butter schaumig rühren, die Eier und Eidotter ebenfalls hinein-
rühren. Die eingeweichten Semmeln ausdrücken, Zimt, Saft und
Schale einer Zitrone sowie 60 g Zucker dazugeben und gut vermischen.

● Quitten gut abreiben, schälen und achteln, in kaltem Wasser aufsetzen und kochen lassen. Nach ca. 20 Minuten 150 g Zucker dazugeben und mit 1/4 l Wasser weichkochen.

● Die Hälfte der Teigmasse in eine gebutterte und mit Semmelbröseln ausgestreute Kuchenform füllen und mit den erkalteten
Quittenstücken belegen. Mit dem restlichen Teig bedecken und
bei 175 °C ca. 40 Minuten backen.

Rhabarberstrudel

250 g Mehl, 1 Prise Salz
3 EL Öl, 1 EL Essig
100 ml lauwarmes Wasser
500 g Rhabarber
etwas Zucker
Zitronensaft, Wasser
60 g Butter, 60 g Schokolade
4 Eidotter, 4 Eiklar
40 g Zucker, 80 g Mandeln
30 g Semmelbrösel
zerlassene Butter zum Bestreichen

● Aus Mehl, Salz, Öl, Essig und Wasser einen geschmeidigen Teig bereiten, zu einer Kugel formen, mit Öl bestreichen und mit einer Folie bedeckt im Kühlschrank mindestens 40 Minuten rasten lassen.

● Rhabarber schälen, in kleine Stücke schneiden und mit Wasser, Zucker und Zitronensaft leicht andünsten, dann abseihen und kalt stellen.

● Butter, Dotter und die weiche Schokolade gut verrühren. Die Eiklar mit dem Zucker zu einem steifen Schnee schlagen und zusammen mit den geriebenen Mandeln und den Semmelbröseln unter die Schokoladenmasse heben.

● Den Strudelteig auf einem bemehlten Strudeltuch ausrollen und anschließend mit den Handrücken hauchdünn ausziehen. Mit der Schokoladenmasse bestreichen und und den abgetropften Rhabarber darauflegen. Den restlichen Teil mit zerlassener Butter bestreichen. Mit Hilfe des Strudeltuches den Strudel einrollen und auf ein mit Backpapier belegtes Backblech legen.

● Den Strudel außen mit zerlassener Butter bestreichen und bei 180 °C ca. 35 Minuten backen.

Rhabarberkuchen

mit Marzipan

200 g Mehl, 20 g Hefe
50 ml lauwarme Milch
60 g Zucker, 1 Prise Salz
1 Ei, 40 g Butter
1 kg Rhabarber, 100 g Zucker
2 EL Vanillinzucker
200 g Marzipan-Rohmasse
250 g Topfen, 200 ml Sauerrahm
2 Eidotter

- Mehl in eine Schüssel sieben, in die Mitte eine Mulde drücken, Hefe zerbröseln und hineingeben. Mit lauwarmer Milch, 1 Esslöffel Zucker und etwas Mehl verrühren. Mit Mehl bedecken und zugedeckt an einem warmen Ort rund 15 Minuten gehen lassen.

- Restlichen Zucker, Salz, Ei und Butter dazugeben und einen glatten Teig kneten. Den Teig zugedeckt gehen lassen, bis er sich verdoppelt hat.

- Rhabarber waschen, schälen und in 3 cm große Stücke schneiden. Zucker mit Vanillinzucker mischen und 2 Esslöffel über den Rhabarber streuen. Etwa 30 Minuten ziehen und dann gut abtropfen lassen.

- Den Teig auf bemehlter Fläche ausrollen und auf das mit Backpapier belegte Blech legen. Den Rhabarber darauf verteilen und mit dem restlichen Zucker bestreuen.

- Kuchen bei 200 °C etwa 10 Minuten backen.

- Marzipan mit Topfen, Sauerrahm und Eidotter pürieren und über den Kuchen verteilen. Etwa 30 Minuten backen.

Ribisel-Muffins

100 g Butter
175 g Zucker
2 Eier
1 EL Vanillinzucker
1 Prise Salz
250 g Mehl
2 TL Backpulver
150 g Buttermilch
225 g Ribiseln
Staubzucker zum Bestreuen

- Backofen auf 200 °C vorheizen

- Die Butter mit dem Zucker cremig rühren. Nach und nach Eier, Vanillinzucker und Salz unterschlagen. Das Mehl mit dem Back- pulver vermischen und abwechselnd mit der Buttermilch unter die Masse rühren, zuletzt die Ribiseln unter den Teig heben. Papierförmchen in die Muffinform setzen und diese mit dem Teig füllen.

- Im vorgeheizten Backrohr bei 200 °C auf der unteren Schiene etwa 35–45 Minuten backen.

- Mit Staubzucker bestreuen und servieren.

Der gute Tipp:

Ribiseln lassen sich am besten mit einer Gabel von den Trauben streifen.

Ribiselkuchen

mit *Mandelhaube*

200 g Mehl
2 TL Backpulver
100 g Butter
5 EL Zucker
1 Ei
Fett für die Form
500 g Ribiseln
3 Eidotter
100 g Zucker
125 g gemahlene Mandeln
3 Eiklar
Staubzucker

- Aus Mehl, Backpulver, Butter, Zucker und Ei einen Mürbteig bereiten und 30 Minuten im Kühlschrank rasten lassen. Dann den Teig ausrollen, in eine gefettete Springform hineinlegen und einen Rand hochziehen.

- Ribiseln waschen, entstielen und auf dem Teigboden verteilen.

- Die Eidotter mit Zucker schaumig schlagen, die Mandeln hinzufügen und den steif geschlagenen Eischnee unterziehen. Diese Mandelmasse auf die Ribiseln streichen und im Backrohr bei 190 °C etwa 50 Minuten backen.

- Auskühlen lassen und vor dem Servieren mit Staubzucker bestreuen.

Stachelbeer-Kuchen

mit Baiserhaube

400 g Mehl, 1/2 EL Backpulver
1 Prise Salz, 3 Eier
abgeriebene Schale und Saft von 1 Zitrone
200 g Butter, 150 g Zucker
1 EL Vanillinzucker, 1/8 l Milch
500 g grüne Stachelbeeren
500 g rote Stachelbeeren
3 Eiklar, 225 g Zucker
etwas Rum, 3 EL Mandelblättchen

● Butter, Zucker, Vanillinzucker, Eier, Salz und Zitronenschale und
-saft schaumig schlagen, dann das mit Backpulver vermischte
Mehl und die Milch einrühren. Die Masse auf ein mit Backpapier
belegtes Blech streichen.

● Stachelbeeren putzen, waschen, abtropfen lassen und auf dem
Teig verteilen. Den Kuchen im Backofen bei 200 °C 30–35 Minuten backen.

● In der Zwischenzeit das Eiklar steif schlagen. Zucker langsam
einrieseln lassen und den Rum unter die feste Masse rühren.

● Die Baisermasse nach 35 Minuten auf den Stachelbeerkuchen
streichen, mit Mandelblättchen bestreuen und im Backofen bei
180 °C weitere 10–15 Minuten backen.

Stachelbeer-Topfen-Kuchen

150 g Zucker, 45 g Hefe
6 EL Zucker, 375 g Mehl
8 Eier, Salz, 1 EL Vanillinzucker
100 g Butter, 200 ml Milch
Fett und Mehl
500 g Topfen, 1 Pkg. Vanille-Puddingpulver
abgeriebene Schale von 1 Zitrone
750 g Stachelbeeren, 50 g Mandelblättchen
1 EL Staubzucker

● Hefe mit 1 Esslöffel Zucker verrühren, Mehl, 1 Ei, 3 Esslöffel Zucker, 1 Prise Salz und Vanillinzucker in eine Schüssel geben. 50 g Butter schmelzen, Milch zugießen und erwärmen. Milch und Hefe zum Mehl geben, verkneten und zugedeckt an einem warmen Ort ca. 30 Minuten gehen lassen.

● Teig nochmals durchkneten, dann rechteckig ausrollen und in eine gefettete, bemehlte Form geben. Weitere 15 Minuten gehen lassen.

● 50 g Butter schmelzen und abkühlen lassen. 7 Eier trennen, Eidotter, Topfen, 150 g Zucker, Puddingpulver und Zitronenschale verrühren.

● Eiklar steif schlagen und dabei 2 Esslöffel Zucker einrieseln lassen. Eiklar und Butter wechselweise unter den Topfen heben.

● Stachelbeeren waschen und gut abtropfen lassen. Die Topfenmasse auf dem Teig verteilen und mit den Stachelbeeren und den Mandeln belegen. Im Backofen bei 175 °C ca. 40 Minuten backen. Auskühlen lassen und vor dem Servieren mit Staubzucker bestreuen.

Weintraubenkuchen

225 g Mehl
125 g Butter
1 Eidotter
75 g Zucker
abgeriebene Schale von einer Zitrone
500 g Weintrauben
5 Eidotter
50 g Zucker
1 Vanilleschote
150 g Mandeln
6 Eiklar
50 g Mehl
Staubzucker zum Betreuen

● Mehl, Butter, Eidotter, Zucker und Zitronenschale rasch zu einem Mürbteig verkneten, anschließend zugedeckt im Kühlschrank 1 Stunde ruhen lassen.

● Die Trauben waschen, halbieren und entkernen.

● Die Eidotter mit dem Zucker schaumig rühren. Die Vanilleschote der Länge nach aufschlitzen, das Mark herauskratzen und mit den gemahlenen Mandeln unter die Eimasse rühren. Die Eiklar steif schlagen und mit dem Mehl unter den Teig heben.

● Den Mürbteig auf einer bemehlten Arbeitsfläche ausrollen, eine Springform damit auskleiden und einen ca. 3 cm hohen Rand hochziehen.

● Die Trauben unter die Teigmasse mischen, auf den Mürbteig geben und den Kuchen bei 180 °C ca. 1 Stunde backen.

● Auskühlen lassen und vor dem Servieren mit Staubzucker bestreuen.

Weintraubenstrudel

250 g Strudelteig (tiefgefroren)
750 g Weintrauben
2 Eidotter
20 g Staubzucker, Zimt
abgeriebene Schale von 1 Zitrone
2 Eiklar
20 g Kristallzucker
30 g Haselnüsse
20 g Mehl
30 g Butter zum Bestreichen
Staubzucker zum Bestreuen

- Eidotter mit Staubzucker, Zimt und Zitronenschale schaumig rühren.

- Eiklar mit Kristallzucker zu steifem Schnee schlagen und locker in den Abtrieb einrühren. Zuletzt die geriebenen Haselnüsse mit Mehl vermischen und unter die Masse heben.

- Mit dieser Masse 2/3 des ausgerollten Strudelteiges bestreichen und darauf die gewaschenen und abgetropften Weintrauben streuen. Die Teigränder mit Butter bepinseln, einrollen und auf ein mit Backpapier belegtes Backblech legen. Den Strudel mit Butter bestreichen und bei 190 °C ca. 20 Minuten backen.

- Vor dem Servieren mit Staubzucker bestreuen.

Der gute Tipp:

Für Kuchen und Torten empfiehlt es sich, kernlose Trauben zu wählen.

Zwetschkenkuchen

100 g Butter
abgeriebene Schale von 1/2 Zitrone
100 g Zucker, 2 Eier
50 g Maizena, 150 g Mehl
1 TL Backpulver
500 g Zwetschken
2 Eiklar, 1 EL Wasser
50 g Zucker
1 EL Vanillinzucker
2 Eidotter
20 g Maizena
50 g gehackte Mandeln
50 g Mehl
Staubzucker zum Bestreuen
Schlagobers nach Geschmack

● Die Butter schaumig rühren, abgeriebene Zitronenschale dazugeben und abwechselnd Zucker, Eier und das Gemisch aus Maizena, Mehl und Backpulver darunter rühren.

● Den Teig in eine nur am Boden gefettete Springform geben, die entsteinten und an den Enden eingeschnittenen Zwetschken darauf verteilen und bei 180 °C etwa 30 Minuten vorbacken.

● Inzwischen für den Guss Eiklar und kaltes Wasser sehr steif schlagen, dann Zucker und Vanillinzucker ebenfalls einrühren. Die Eidotter darunter ziehen. Maizena und Mehl vermischen, leicht unter die Masse heben und die Mandeln vorsichtig einheben. Den Guss auf den vorgebackenen Kuchen geben und diesen weitere 45 Minuten backen.

● Den abgekühlten Kuchen mit Staubzucker bestreuen und eventuell mit Schlagobers servieren.

Zwetschkenfleck

500 g Mehl
40 g Hefe
80 g Staubzucker
80 g Butter
ca. 1/4 l Milch
etwas Rum
3 Eidotter
2 Eier, 1 Prise Salz
etwas geriebene Zitronenschale
2 kg Zwetschken
Zimt, Hagelzucker

● 1/8 l Milch leicht erwärmen, Hefe einrühren, 1/2 TL Mehl und 1 TL Staubzucker dazugeben. An einem warmen Ort gehen lassen.

● Übriges Mehl, restlichen Zucker, Eidotter, Eier, Rum, Zitronenschale, Salz und restliche Milch vermischen. Butter klein geschnitten in den Teig einarbeiten und gut kneten. Germgemisch einarbeiten und mit einem Tuch bedeckt an einem warmen Ort gehen lassen.

● Teig ausrollen und auf ein gebuttertes Backblech legen.

● Zwetschken waschen, trocknen, entkernen und halbieren. Den Teig dicht damit belegen und mit Zimt und Hagelzucker bestreuen. Bei 180 °C ca. 30 Minuten backen.

Aufläufe, Knödel & Schmarren

Apfelgratin

mit Biskotten

700 g saure Äpfel
4 EL Weinbrand
6 EL Orangenmarmelade
Saft von 1 Orange
150 g Biskotten
4 Eier
200 g Schlagobers
4 EL Zucker
1 EL Vanillinzucker
Staubzucker zum Bestreuen

● Äpfel schälen, in dünne Spalten schneiden und den Boden einer Auflaufform damit auslegen. Rohr auf 200 °C vorheizen.

● Weinbrand mit Marmelade und Orangensaft unter ständigem Rühren erhitzen, bis alles flüssig ist. Abkühlen lassen und ca. 1/3 der Biskotten einzeln hineintunken und auf den Äpfeln verteilen. Abwechselnd Apfelspalten und Biskotten schichten und mit einer Schichte Äpfel abschließen.

● Eier mit Obers, Zucker und Vanillinzucker verrühren, über die Früchte gießen und für ca. 40 Minuten ins Rohr geben.

● Mit Staubzucker bestreuen, eventuell noch mit Apfelspalten garnieren und heiß servieren.

Apfelspalten

6 säuerliche Äpfel
etwas Rum
2 EL Staubzucker
350 g Mehl
1 EL Sonnenblumenöl
1 Prise Salz
1/2 l helles Bier
3 Eiklar
2 Eidotter
1 EL Rum
Sonnenblumenöl zum Ausbacken
3 EL Staubzucker
1 Messerspitze Zimt

● Äpfel schälen, Kerngehäuse entfernen und Äpfel in ca. 1 cm dicke Scheiben schneiden. Apfelscheiben mit Rum beträufeln und mit Staubzucker bestreuen. Für den Teig Mehl, Salz und Öl verrühren, das Ganze mit Bier aufgießen und zu einem glatten Teig rühren, mit 1 EL Rum abschmecken. Die Eiklar zu festem Schnee schlagen und mit den Eidottern unter den Teig heben.

● Apfelscheiben in den Teig tauchen und in heißem Öl goldbraun ausbacken. Staubzucker mit 1 Messerspitze Zimt mischen, Apfelscheiben zum Schluß damit bestreuen.

Birnenauflauf

75 g Zucker
3 Eier
2 EL Grieß
abgeriebene Schale von 1/2 Zitrone
200 g Mascarpone
50 g Walnüsse
75 g Schokolade
4 reife Birnen
Zitronensaft
2 EL Marillenmarmelade
2 EL Pinienkerne

- Die Walnüsse grob hacken, die Schokolade würfeln und die Birnen schälen, entkernen und in feine Scheiben schneiden, anschließend mit Zitronensaft beträufeln.

- Zucker mit den Eiern schaumig schlagen und die restlichen Zutaten gut einrühren. Anschließend die Masse in eine ausgebutterte Auflaufform füllen und im vorgeheizten Backrohr bei 180 °C ca. 45 Minuten backen.

- Die Marillenmarmelade erwärmen, glattrühren und den Auflauf damit bestreichen, dann mit den Pinienkernen bestreuen. Noch weitere 5 Minuten backen.

Der gute Tipp:

Birnen sollte man zum Weiterverarbeiten sofort mit Zitronensaft beträufeln, damit sich das Fruchtfleisch nicht so stark verfärbt.

Brombeerauflauf

500 g Brombeeren
100 g Zucker
3 Eidotter
3 EL Crème fraîche
1/2 TL abgeriebene Zitronenschale
Staubzucker zum Bestreuen

● Den Ofen auf 230 °C vorheizen. Brombeeren vorsichtig waschen, mit Küchenpapier trockentupfen und auf dem Boden einer Auflaufform verteilen.

● Zucker und Eidotter in einer Schüssel schaumig rühren, Crème fraîche etwas aufschlagen und darunterheben. Die abgeriebene Zitronenschale dazugeben und die Masse über die Beeren gießen. Im heißen Backrohr 8–10 Minuten goldbraun backen.

● Mit Staubzucker bestreuen und heiß servieren.

Wissenswertes:

Brombeeren enthalten viele Ballaststoffe und Vitamin C, weshalb sie auch sehr gerne zur Herstellung von Fitneßgetränken verwendet werden.

Erdbeerauflauf

mit Topfen

50 g Butter
50 g Zucker
1 EL Vanillinzucker
abgeriebene Schale von 1/2 Zitrone
100 g Mehl
50 g Butter
80 g Zucker
1 EL Vanillinzucker
500 g Topfen
abgeriebene Schale von 1/2 Zitrone
20 g Grieß
1 Pkg. Puddingpulver (Vanille)
4 Eiklar
300 g Erdbeeren

- Für die Streusel die Butter mit dem Zucker, Vanillinzucker, der Zitronenschale und dem Mehl verkneten.

- Den Boden einer gefetteten Auflaufform mit der Hälfte der Streusel belegen.

- Für die Topfenmasse Butter mit Zucker und Vanillinzucker schaumig rühren, die restlichen Zutaten unterrühren und zuletzt den steif geschlagenen Eischnee unterheben. Erdbeeren klein schneiden, vorsichtig mit der Topfenmasse vermischen und in die Auflaufform geben.

- Restliche Streusel gleichmäßig darauf verteilen. Bei 200 °C ca. 50 Minuten backen.

Grießauflauf

mit Kirschen

1/2 l Milch
Salz
125 g Grieß
1 kg Kirschen
60 g Butter
125 g Zucker
1 EL Vanillinzucker
3 Eidotter
abgeriebene Schale von 1/2 Zitrone
75 g Mandeln
3 Eiklar

● Die Milch mit dem Salz bei starker Hitze zum Kochen bringen, vom Herd nehmen, den Grieß unter Rühren hineinstreuen und ihn zum Quellen stehenlassen.

● Die Kirschen waschen, entstielen und entsteinen. Die Butter schaumig rühren und nach und nach den Zucker, den Vanillinzucker, die Eidotter, die Zitronenschale, die gemahlenen Mandeln und den noch warmen Grießbrei hinzugeben und gut mit dem Schneebesen verrühren.

● Zum Schluss das zu steifem Schnee geschlagene Eiklar und die Kirschen vorsichtig unterheben. Die Masse in eine gefettete Auflaufform füllen und im Backofen bei 175 °C ca. 45 Minuten backen.

Heidelbeernocken

3 Eier
etwas Salz
300 g Mehl
1/2 l Milch
750 g Heidelbeeren
etwas Mehl
Öl
Zucker
Zimt

● Die Eier mit etwas Salz verrühren und nach und nach Mehl und Milch einrühren. Die Heidelbeeren verlesen, waschen und gut abtropfen lassen. Das Öl in einer Pfanne erhitzen, Teig einfließen lassen und durch Schwenken in der Pfanne verteilen.

● Heidelbeeren darauf geben, mit etwas Mehl bestreuen und auf beiden Seiten bei mehrmaligem Schütteln goldgelb backen. Mit Zimt und Zucker bestreut servieren.

Wissenswertes:

Heidelbeeren enthalten besonders viel Vitamin C, Eisen und Ballaststoffe.

Heidelbeerrollen

5 Kartoffeln
1 Ei
150 g Mehl
2 EL Schlagobers
1 EL Kartoffelstärke
Salz
300 g Heidelbeeren
250 ml Schlagobers
etwas Zucker
1 Ei
Butter

● Die Kartoffeln kochen, schälen und durch die Presse drücken, dann erkalten lassen. Dann Ei, Schlagobers, Salz und soviel Mehl und Kartoffelstärke dazugeben, sodass der Teig nicht mehr klebt.

● Aus dem Teig eine Rolle formen, diese in 5 cm breite Stücke schneiden und auf einem bemehlten Brett ausrollen. Diese jeweils mit Schlagobers bestreichen, die Heidelbeeren darauf geben, zuckern und dann zusammenrollen.

● In einer Auflaufform Butter zerlaufen lassen und die Rollen hineinschichten, dann bei ca. 200 °C schön hellbraun backen. Das Ei mit Schlagobers verquirlen, nach ca. 15 Minuten über die Heidelbeerrollen gießen und fertig backen.

Heidelbeerschmarren

250 g griffiges Mehl
1 Prise Salz
1/4 l Milch
4 Eier
2 EL Butterschmalz
1 EL Butter
100 g Heidelbeeren
Kristallzucker nach Belieben
Staubzucker zum Bestreuen

● Das Mehl mit einer Prise Salz und kalter Milch zu einem dicken Teig verrühren.

● Die Eier ganz kurz einrühren, aber nicht glattrühren.

● In einer Pfanne Butterschmalz und Butter erhitzen. Die Masse in die Pfanne geben und bei kleiner Hitze zugedeckt anbacken – der Teig muß am Rand hochgehen.

● Die Masse wenden und fertigbacken, dann mit zwei Gabeln in Stücke reissen.

● Die Heidelbeeren und den Kristallzucker dazugeben. Den Schmarren zugedeckt noch ein paar Minuten backen.

● Mit Staubzucker bestreuen und heiß servieren.

Kirschschmarren

250 g Weizenmehl
250 g Topfen
250 ml Milch
4 Eier
250 g Kirschen
1 Prise Salz
etwas Butter
Staubzucker zum Bestreuen

● Mehl und Salz in einer großen Schüssel vermischen. Topfen mit Eiern und Milch verquirlen und mit dem Mehl zu einem glatten, dickflüssigen Teig verrühren. Zugedeckt 30 Minuten stehen lassen. Inzwischen die Kirschen entkernen und unter den Teig mischen.

● In einer Pfanne Butter erhitzen und die Hälfte des Teiges hineingießen. Die Pfanne zudecken und die Hitze reduzieren. Sobald der Schmarren auf der Unterseite goldgelb gebacken ist, diesen mit zwei Gabeln in kleine Stücke reißen.

● Diese bräunen und dabei häufig wenden. Danach aus der Pfanne nehmen und warm stellen. Den restlichen Teil genauso zubereiten.

● Vor dem Servieren mit Staubzucker bestreuen.

Marillenauflauf

500 g Marillen
30 g Staubzucker
250 ml Milch
1 Prise Salz
70 g Butter
50 g Zucker
1 EL Vanillinzucker
150 g Weizengrieß
4 Eier
abgeriebene Schale von 1 Zitrone
Butter für die Form
Brösel für die Form
Staubzucker zum Bestreuen

- Die Marillen waschen, halbieren, entkernen und in Staubzucker wälzen.

- Die Milch mit der Butter, dem Zucker, dem Vanillinzucker und einer Prise Salz kurz aufkochen, den Grieß in die Milch einlaufen lassen und unter ständigem Rühren ca. 6 Minuten bei niedriger Temperatur kochen. Die Grießmasse dann vom Feuer nehmen und etwas abkühlen lassen.

- Eine Auflaufform mit Butter bestreichen und mit Bröseln ausstreuen. Die Eier trennen, die Eidotter sowie die geriebene Zitronenschale in einer Schüssel verrühren und die überkühlte Grießmasse dazugeben. Die Eiklar zu steifem Schnee schlagen und vorsichtig unter den Brei heben.

- Nun die halbe Menge der Auflaufmasse in die vorbereitete Form füllen, die halbe Menge der Marillen darauf verteilen, mit der restlichen Grießmasse bedecken und mit einer Lage Marillen abschließen.

- Den Auflauf im vorgeheizten Backrohr bei 180 °C ca. 45 Minuten backen. Mit Staubzucker bestreuen.

Marillenknödel

5 EL Butter
250 g Topfen
1 Prise Salz
2 Eier
125 g Mehl
600 g Marillen
Würfelzucker
3 l Wasser
1 TL Salz
100 g Brösel
2 EL Zucker
80 g Butter
Staubzucker zum Bestreuen

- Die Butter mit dem Topfen, dem Salz, den Eiern und dem Mehl verkneten. Den Teig zugedeckt etwa 30 Minuten ruhen lassen.

- Die Marillen waschen, abtrocknen und jeweils den Kern durch ein Stück Würfelzucker ersetzen.

- Das Wasser mit dem Salz zum Kochen bringen.

- Den Topfenteig auf einer bemehlten Arbeitsfläche etwa 1 cm dick ausrollen und 5 cm große Quadrate ausschneiden. In jedes Teigquadrat eine Marille einschlagen und zu einer Knödel formen.

- Die Knödel in das leicht kochende Salzwasser einlegen und 8–10 Minuten gar ziehen lassen.

- Inzwischen die Brösel mit dem Zucker in der Butter goldbraun anrösten und über die Knödel streuen.

- Vor dem Servieren mit Staubzucker bestreuen.

Reisauflauf
mit Äpfeln & Rhabarber

1/2 l Milch
150 g Rundkornreis
1 Prise Salz
30 g Butter
4 Eier
100 g Zucker
abgeriebene Schale von 1 Zitrone
1/2 kg Rhabarber
1/2 kg Äpfel
Butter für die Form

● Milch mit Salz und Butter aufkochen und Reis darin 20 Minuten bei schwacher Hitze quellen lassen. Milchreis erkalten lassen. Eier trennen, Dotter mit Zucker und Zitronenschale schaumig rühren.

● Eiklar zu steifem Schnee schlagen. Äpfel und Rhabarber schälen und fein schneiden. Milchreis mit Dottermasse vermischen, Äpfel und Rhabarber dazugeben und den Eischnee vorsichtig unterrühren. In eine befettete Auflaufform füllen und im Backrohr bei 180 °C ca. 45 Minuten backen.

● Mit Staubzucker bestreuen und heiß servieren.

Wissenswertes:

Rharbarber ist botanisch mit dem Sauerampfer verwandt und gilt daher eigentlich als Gemüse, wird allerdings als Obst gegessen.

Rhabarberauflauf

mit Topfen

125 g Weizenmehl
75 g Maisgrieß
80 g Mandeln
1 TL Zimt
80 g Butter
125 g Blütenhonig
500 g Rhabarber
350 g Topfen
2 EL Sauerrahm
2 EL Vollrohrzucker
1 Eidotter
abgeriebene Schale von 1 Zitrone
2 TL Zitronensaft
1 Eiklar
Butter für die Form

- Das Mehl mit dem Maisgrieß, den geriebenen Mandeln und dem Zimt vermischen.

- Zerlassene Butter und Honig verrühren und langsam mit dem Mehl vermischen, bis eine bröselige Masse entsteht.

- Den Rhabarber waschen, schälen und in 1 cm große Stücke schneiden.

- Den Rhabarber mit den Streuseln vermischen und in eine gefettete Auflaufform geben.

- Den Topfen mit dem Sauerrahm, dem Vollrohrzucker, dem Eidotter, der Zitronenschale und dem –saft verrühren.

- Das Eiklar steif schlagen und unterheben, anschließend den Guss auf dem Auflauf verteilen.

- Bei 180 °C etwa 60 Minuten backen.

Ribiselauflauf

750 g Ribiseln
2 EL Wasser
250 g Zucker
250 g Vollkornbrot
40 g Butter
1/4 l Milch
3 Eier
40 g Zucker
Zimt
Butter für die Form
20 g gemahlene Mandeln

● Für das Kompott die Ribiseln unter kaltem Wasser waschen und von den Rispen zupfen. Wasser, Ribiseln und Zucker zum Kochen bringen und 10 Minuten leise kochen lassen, bis ein dickes Mus entsteht. Topf vom Herd nehmen und das Mus abkühlen lassen.

● Vollkornbrot zerbröseln und in zerlassener Butter unter Rühren anrösten. Vom Herd nehmen und abkühlen lassen.

● Milch, Eier, Zucker und Zimt in einer Schüssel gut verrühren. Feuerfeste Form gut einfetten und mit gemahlenen Mandeln ausstreuen. Abwechselnd die Vollkornbrotmasse und das Ribiselkompott einschichten, anschließend mit der Eiermilch übergießen.

● Bei 200 °C ca. 35 Minuten backen und anschließend heiß servieren.

Topfenauflauf
mit Äpfeln

50 g Butter
7 EL Zucker
2 EL Rum
4 Eier
1 Prise Salz
abgeriebene Schale von 1 Zitrone
500 g Topfen
100 g Haferflocken
750 g Äpfel (z. B. Boskoop)
50 g Rosinen
50 g Mandelblättchen
10 g Butter
Staubzucker

● Butter, Zucker, Rum, Eier, Salz und Zitronenschale gut schaumig rühren. Topfen und Haferflocken dazugeben und verrühren.

● Äpfel schälen, vierteln, entkernen, würfelig schneiden und mit den Rosinen und Mandelblättchen vermischen. Die Topfenmasse abwechselnd mit der Apfelmischung schichtweise in eine Auflaufform füllen und mit einer Topfenschicht abschließen.

● Butterflöckchen darauf verteilen und im Backrohr bei 190 °C ca. 50 Minuten backen.

● Mit Staubzucker bestreuen und heiß servieren.

Zwetschkenknödel

500 g rohe, mehlige Kartoffeln
400 g Topfen, 150 g Mehl
2 gehäufte EL Grieß, 2 EL Butter
1 Prise Salz, 1 Prise Muskatnuss
400 g Zwetschken
12 Stück Würfelzucker
250 g Semmelbrösel
4 EL Butter
3 EL Rum für das Kochwasser
1 Prise Salz, 3 EL Kristallzucker
Staubzucker zum Bestreuen

● Zwetschken waschen und trockentupfen. Vorsichtig entkernen und anstelle des Kernes mit einem Stück Würfelzucker füllen.

● Kartoffeln waschen, kochen, schälen und mit der Kartoffelpresse zerdrücken. Kartoffeln mit Topfen, Mehl, Grieß, Butter, Salz und Muskatnuss zu einem Teig verkneten. Mit Klarsichtfolie bedecken und eine halbe Stunde im Kühlschrank rasten lassen.

● Eine Rolle formen und in gleich große Stücke schneiden. Auseinander drücken, mit einer Zwetschke füllen und zu Knödeln formen. Wasser mit Salz, Rum und Zucker aufkochen, Knödel darin etwa 15 Minuten leicht köcheln lassen.

● Butter schmelzen lassen, Semmelbrösel kurz anrösten und Knödel darin wälzen. Mit Staubzucker servieren.

Zwetschkenauflauf

500 g Zwetschken
100 g Butter
125 g Zucker
1 EL Vanillinzucker
3 Eidotter
125 g Mehl
40 g Maizena
1 TL Backpulver
3 Eiklar
100 g Mandelblättchen
etwas Zimt
1 EL Butter
etwas Staubzucker zum Bestreuen

- Die Zwetschken waschen, halbieren und den Stein entfernen.

- Butter, Zucker, Vanillinzucker und Eidotter cremig rühren, dann das mit Maizena und Backpulver vermischte Mehl unterrühren.

- Das Eiklar zu einem steifen Schnee schlagen und vorsichtig unterziehen.

- Eine Auflaufform ausbuttern und den Boden mit den halbierten Zwetschken belegen. Anschließend mit Zimt bestreuen und die Mandelblättchen darauf verteilen.

- Den Teig darüber streichen und im Backrohr bei 180 °C ca. 45 Minuten backen.

- Mit Staubzucker bestreuen und heiß servieren.